Ciclo do cavalo

Ciclo do cavalo

António Ramos Rosa

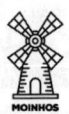

Título original: Ciclo do cavalo
© Herdeiros de António Ramos Rosa.

Edição:
Camila Araujo & Nathan Matos

Assistente Editorial:
Sérgio Ricardo

Revisão, Diagramação e Projeto Gráfico:
LiteraturaBr Editorial

Capa:
Sérgio Ricardo
Imagem utilizada na capa é de Ernst Haeckel

1ª edição, Belo Horizonte, 2018.

Nesta edição, respeitou-se a edição original.

Dados Internacionais de Catalogação na Publicação (CIP) de acordo com ISBD

R788c
Rosa, António Ramos
Ciclo do cavalo / António Ramos Rosa. - Belo Horizonte : Moinhos, 2018.
80 p. ; 14cm x 21cm.
ISBN: 978-85-45557-24-1
1. Literatura portuguesa. 2. Poesia. I. Título.
2018-849
          CDD 869.41
          CDU 821.134.3-31

Elaborado por Vagner Rodolfo da Silva — CRB-8/9410

Índice para catálogo sistemático:
1. Literatura portuguesa : Poesia 869.41
2. Literatura portuguesa : Poesia 821.134.3-31

Todos os direitos desta edição reservados à Editora Moinhos
editoramoinhos.com.br | contato@editoramoinhos.com.br

O cavalo diamante, o que se apaga
na mancha mais escura — ainda possível.
Neutro vagar, pausa de ser tão material,
fronte de terra, insuflada aurora.

Lapidar como a lâmpada na mancha
mínima, rasgado pelo gosto da terra,
gesto do peso que eleva e forte
como a terra de longe e em torno a cor de tudo.

Lapidar entre arestas e curvas,
forma de água em peito,
língua do sabor da terra inteira,
fértil da aridez de pedra,
o corpo sonoro isolado nas relvas,
fúria parada,
a mão cobre-o todo, terra plácida.

Já alguém viu o cavalo? Vou aprendê-lo
no jogo das palavras musculares.
Alento alto, volume de vontade,
força do ar nas ventas, dia claro.

Aqui a pata pesa só a mancha
do cavalo em liberdade lenta
para que o cavalo perca todo o halo
para que a mão seja fiel ao olhar lento

e o perfil em cinza azul aceso
de clareira de inverno. Bafo, o tempo
do cavalo é terra repisada

e sem véus, de vértebras desenhadas,
lê o cavalo na mancha, alerta,
na solidão da planície e uma montanha.

O cavalo decide antes ainda
da decisão, na planície.
Cavalo azul, não, mas forma
do meu bafo que lhe respira o ardor.

Eu sou cavalo no cavalo
porque a palavra o diz inteiro
e vejo que ela cava, é terra e pedra
e músculo a músculo retenho a força dele.

Com a paciência do campo e o amor do olhar
a precisão do cavalo é maior que o caminho
e tem em si todo o hálito da casa.

Cavalo de folha sobre folha,
cavalo de jogar e ler, escrever terra
em que estás plantado em teu tamanho,
força de todo o corpo aberto ao ar.

Cavalo de terra pronto a ser montado
mas volte sempre ao lugar do diamante
na paisagem incrustado, alento aceso
de um animal ali no centro em qualquer campo.

Os membros apagados, fulva mancha,
dissipa-se o vapor da relva
e das narinas, inteiro, alerta
o fogo sai para as casas mais desertas.

Cavalo pronto a subir
mas sempre a terra e a pausa
erguem a casa e o caminho,
o tronco e a garupa, nomes fortes.

Cavalo de palavra e terra,
pequeno aqui ou largo em nome e ser,
corre no tempo de olhar uma campina
ou empinado em brasa sobre as casas.

Cavalo de raiva amaciada,
espuma de um relincho na parede
mais alta da terra, ouvido
da noite em forma de cavalo
no horizonte.

Não acaba o cavalo de ser cavalo
pelo nome e pelo corpo,
pela argila vermelha e o verde bosque,
o princípio da forma do seu ser.

Tão rasteiro me faço para o ver
na glória do seu campo raso
a respirar o ar do seu ar
e o barro que é bafo parado.

O dia pardo como um pão de terra
e a sede dessas virilhas fortalece
o martelo com que bato a paz do campo.

Desmancha-se o cavalo? Jamais.
A resposta vem da força dele.
Corre por cima dos desastres.
É fogo e pedra alta bem talhada.

Impossível quebrar-lhe a linha aérea
que tem a terra toda nos seus cascos.
Pesa por si e pelo campo em torno.
E o tácito apelo do risco em frente.

Vive, portanto, mais alto do que o tempo.
Ele próprio é bandeira sem bandeira,
o cavalo que nunca o é para si mesmo.

A franja de terra e o labirinto
onde cego caminho ou em branco.
A mesa lisa é necessária à linha.
A visão do animal obceca-me, fascina-me.

É como um corpo em fala, castanho,
negro ou branco. Seja qual a cor,
arde de ser todo ele a densidade
de uma dança imóvel na parede.

Escrevê-lo é tentar tenacidade,
persistência de pé, arrojo mudo,
dizer o que diz inteiro o nome.

Cavalo, cavalo da terra, saltas sobre
toda a pobreza chã ou obstáculo.
O vigor da palavra é evidência acesa
é saber-te do chão até à crina.

Quem te arranca a força de raiz
em que vale te cavam ou te calam,
de perfil ou de fronte és cavalo sempre,
cavalo de sempre.

O teu nome é uma parede que nos fala
sobre o teu silêncio. E é um nome
que não se excede e horizontal se lê,
a prumo.

O vigor do cavalo, o rigor da palavra
nua. Pátria do meu corpo.
Sopra nuvens brancas, cavalga o continente
com a terra toda vibrante e luminosa.

Vejo que a pedra é pedra, a terra terra,
mas negando a pedra, negando a terra,
de novo encontro a pedra, de novo encontro a terra
numa primeira vez de compacta lucidez.

Cavalo que me reúnes sobre escombros e cinzas
a uma textura carnal, aos ossos inseridos,
a uma fecunda cave, às raízes da voz.

Escrevo o chão consolidando a terra
por amor do teu garbo, tua dura estrada,
teu lento amadurecer, tua lição de andar.

O calor dos campos e da cor em ti, cavalo,
e em mim o muro quente e a força do teu nome.
Não espero mas aceito a tua marcha
como quem navega no campo dessas cores.

Tua abrasada língua, teus olhos sem antolhos,
correm a liberdade dos campos sem a névoa,
relinchas do prazer de ser cavalo
(e não o sabes)

e aqui me tens numa linguagem árida
e tensa. Para que me arrebates ainda mais que nunca
sempre com a paz do teu campo de cores
e a grande paz da força, tua boca descoberta,

sempre a alertar-me em palavras que são brasas
ou cinza ainda cálida do papel, destas formas
do meu amor da liberdade e do vigor
da vontade inteira em mim, cavalo.

Escrever-te é preparar-me para um novo dia,
uma luta de abraços e de flores no mar.
Escrever-te é enamorar-me do primeiro nome, a terra,
a casa, o chão; ligá-los músculo a músculo

até ao sabor quente do teu bafo animal.
A ferida, a raiva ferida, arrebatada
pelo teu corpo disparado, no silêncio
de um campo de ervas altas; o silêncio
dos nomes do campo concentrado

num muro branco.
O canto e o encanto das coisas nomeadas,
pedra alta, fria chuva, olhos acesos,
ervas e flores,

a geometria do teu andar desperta
e da dureza da terra faz o lugar voltar
ao seu lugar primeiro, ao teu nome de terra.

Na biblioteca entre pedras, livros, sombras
e a estrela a que está presa a mulher e o cavalo.
A paciência dilacera um último reduto.
Abertas as janelas, dilata-se o desejo

de igualar a altura e a firmeza à sombra.
Preso o cavalo à estrela, dimensão bem clara,
renova-se o ar e a luz penetra a sombra.
Biblioteca de pedras e o mar roendo as rochas.

Pode o cavalo soltar-se sem a mulher e a sombra,
pode o céu afirmar-se na tranquilidade da cena.
Uma luta suave e negra entrega aos ombros

a liberdade oculta e fortalece os ossos.
Um caminho de pedras na biblioteca acesa
e o cavalo pastando entre flores e livros.

À sombra do cavalo, o ócio retempera-se,
O prazer de olhar a liberdade do campo
onde cada árvore e cada sombra dizem
o sossego de estar à sombra do cavalo.

O sossego do sol, a terra igual à terra,
e toda a luz firmando os volumes e as cores.
Tudo ressalta em força,
em pureza de estar em paz sob o cavalo.

À sombra do cavalo, o ócio aprende a ser
aquilo mesmo que é, um estar feito de luz,
uma razão de ser sem se saber mais nada
do que a razão das pedras, do que a visão das árvores.
A sombra do cavalo engloba tudo o mais.

Viste o cavalo varado a uma varanda?
Era verde, azul e negro e sobretudo negro.
Sem assombro, vivo da cor, arco-íris quase.
E o aroma do estábulo penetrando a noite.

Doutra margem ascendia outro astro
como uma lua nua ou como um sol suave
e o cavalo varado abria a noite inteira
ao aroma de Junho, aos cravos e aos dentes.

Uma língua de sabor para ficar na sombra
de todo um verão feliz e de uma sombra de água.
Viste o cavalo varado e toda a noite ouviste
o tambor do silêncio marcar a tua força

e tudo em ti jazia na noite do cavalo.

Há um sol de cavalo nas ruas e nos olhos.
Há um cavalo de sol nos campos e nas cores.
E a tua língua embriaga-se de sabores tão verdes
como as maçãs da infância das tias e avós.

Há um sul e há um norte na cabeça do cavalo,
uma agulha se crava no centro do meu cérebro,
as minhas vértebras dilatam-se pelo vigor do novo,
por cada pedra ferida e pelo verbo intenso.

O minério do cavalo, a parede, o incêndio
tudo devora a palavra, tudo tomba e se centra
no vigor de um alento de primavera verde.

Aproxima-te do silêncio, da pedra do silêncio
e a montanha abrir-se-á. Estás perto dessa casa
onde o silêncio é nenhuma árvore,
um silêncio deslocado como uma lâmpada de água.

Estende-se o silêncio até ao núcleo de um
rio, de cabeleiras de água e de silêncio ainda
de uma boca exasperada pela esperança das letras,

pela loucura dos astros, das palavras, das mãos
e de uma ponte férrea onde o cavalo passa
dizendo o inverno intenso de uma só cor gelada.

Onde a boca cai cai o sol do cavalo.
Ó boca exasperada nas raízes, nas pedras,
ó boca envenenada pelo verde da treva.
Onde o sol do cavalo? Água subterrânea.

Lâmpadas submersas, visões, negros punhais,
atravessar o cavalo, dominar a esperança,
a paciência é nova, mas as luzes já ferem
os olhos sem as pálpebras, e o acaso começa,
a perturbar a ordem que amadurece os frutos,
a conturbar a vista dos campos e da paz.

Onde a boca cai cai o cavalo e caio.

Da substância ao quarto a substância cresce
pelo amor de uma árvore ou de um brinquedo fácil.
Tu despes-te. Alegria de tão suave seio.
A substância cresce com o cavalo aceso.

Quem regula o manejo que faz vibrar o verde?
Quem une as fibras e alarga as estreitas vértebras?
O animal avança para uma praça-forte
onde as varandas todas abrem o céu inteiro.

Esta é a terra das moitas de sol, das dunas
e dos grilos. Pernas fortes, seios de lança,
a rapariga avança sobre um cavalo sem sela.

Mil cores, e uma sombra só te despe.
Substância perfeita da sombra mais feliz.
Substância ardente e diamante firme.
Água feliz do corpo, água de mil sombras,

e esta é a mais fresca, onde o cavalo bebe
sobre os teus seios tão altos como as chamas mais verdes.
O teu vestido de sombras torna cálido o corpo
e as sílabas do cavalo refrescam-se no mar.

Na praia mais selvagem caminha esse cavalo
que nos transforma o corpo e nos abre a face
mais escura da terra. E todo o mundo aceso.

Onde mora a memória obscura, onde
esse cavalo persiste como um relâmpago de pedra,
onde o corpo se nega, onde a noite ensurdece,
caminho sobre pedras na minha casa pobre.

Não conheço esse lago, não fui a esse país.
Mas aqui é um termo ou um princípio novo.
Com a baba do cavalo, com os seus nervos mais finos
reconstruí o corpo, silenciei os membros.

Não se estancou a sede, no mesmo caos de agora,
mas a língua rebenta, as vértebras estalam
por uma nova língua, por um cavalo que una

a terra à tua boca, e a tua boca à água.

Creio em teu silêncio, na tua pele de luz,
no galope violeta, relâmpago terrestre,
animal de chuva, de vento e ar nocturno,
de ventas formidáveis aspirando o ar da noite.

O tempo amadureceu a luz da tua pele.
Minhas palavras tornam-se pedras do teu calor.
Mesmo entre nuvens, cheiras ao estrume do teu chão.
És a manhã do tempo, a madrugada madura.

De obstáculo em obstáculo, procuro o teu alento,
e a cor do ar do tempo, o teu aroma ardente,
a tua pulsação que rasga as rugas da terra.

Creio no teu vigor, na paciência do vagar,
na violência nascente que destrói muro a muro
e em cada pisada deixa um sinal de amor.

Não creio noutra palavra que nasça doutro olhar.
Não creio noutro silêncio que não seja o da água
e deste odor de ferro numa ondulante marcha
até à fonte do ar junto às muralhas frescas.

Não creio noutra palavra que não seja a palavra
do teu outono fulvo, amadurecido.
A secura é cruel, mas tu sustentas o canto
de um espanto ainda maior e o depões no silêncio.

Os dois lados do rosto, dilacerados, loucos,
despertam os vales e as montanhas agrestes.
Cavalgas com a pausa e a fúria do alimento

que faz girar os astros, os girassóis, os ventos.
Mil caminhos se cruzam e tu feres a luz
com a negrura sábia do teu olhar maduro.

Despenhou-se a lâmpada neste papel tão frio!
Membros dilacerados, martelos da vontade
percutem este chão de aromas acres onde
lateja a nova lâmpada dilacerada e pobre.

Lateja sob os cascos uma nova lâmpada branca
para sentar na terra das mãos o chão das árvores,
para marcar o desejo de habitar esta terra,
para viver dos elementos do círculo material.

Não descanses, cavalo, esfacela os muros da treva,
rasga-te, mas inteiro, nas raízes do mundo,
liga esta ponte viva entre a morte e a vida.

Peço aqui o silêncio de uma plácida mancha
para que o óleo alimente o olhar do cavalo
e que a terra prossiga sua vitória rasa.

O peito entre as plantas, vês os cristais nas árvores,
a pedra límpida, os grandes nós da água.
De margem a margem o dia é tão claro
que o cavalo se ilumina da minha sede limpa.

E esse verde aroma do teu corpo que chama
a aridez dos insectos, a voraz oficina
de que se compõe a luta vida a vida,
searas, canaviais, constelações.

Entre o ar dos quartos e a fresca imobilidade
a curva da viagem num planeta novo.
Entre a terra e a lua deixa os seios da água,
limpa-os do pó nocturno, deixa a luz entre as árvores,
que o teu nome de mármore seja o cimo do salto
e a tua cauda arraste uma sombra vazia.

Eis a mão, o vento, a língua sem razão.
Que inscreve ela na árvore? Um nome de árvore,
a razão do efémero, a morte desse nome.
Só um cavalo salva o seu nome na árvore.

Árvore, cavalo errante, que dizem? Rasgam
a casca, o pêlo, as inscrições resistem,
a mão desta tarde de Abril não se eterniza
com um número ou um nome. Os nomes não se perdem.

Árvore, razão incessante, cavalo, razão errante,
simbiose de amor e obscuro furor estático,
a minha mão demora-se na árvore e no cavalo.

Um vento já soletra as palavras da árvore.
E o cavalo caminha inscrito no poema.
E tudo é sem razão por uma razão diferente.

Diz o objecto e a imagem que não existe,
diz o elogio do orvalho, a palavra tecida,
órgãos necessários, uma abertura ao lado,
tudo se sobrepõe, se liga na rede destes nomes.

Asfixia quase e sem razão alguma. Algum clamor
ao rés do campo, o ruído da água persistente,
no corpo a náusea e o desejo, o atroz ardor,
o perímetro que permite a dimensão da terra.

Diz a água mais lenta na página da terra,
acorda um clamor de paz, uma ordem escura
de insectos, a frescura das ervas e dos nomes.

Acorda, que é o tempo de acordar a razão,
do clamor do vento, do objecto inerte,
e a imagem que existe é a que permanece.

Não dura aqui a imagem, não dura aqui o som.
Aqui onde se insere a palavra mais forte.
O cavalo na lentidão caminha sobriamente.
Nada se inscreve na árvore nem o perdão subsiste?

Não dura aqui o som da mão ou a inscrição
da palavra mais forte no tronco dessa árvore
mas o cavalo caminha na tarde sobriamente
como inscrito perfeito num universo próprio.

Há outros animais, outras vozes, o mundo,
mas há este sossego neste lado do muro,
a visão de um instante, a inscrição metálica.

E tudo se prolonga na gestação da tarde.
O cavalo é o sossego próprio da sua força,
amadurecida imagem que dura e onde estou.

Desfigura-se a face, e o coração do pássaro
cor de melancolia, a água atroz do lago.
Pela boca do chão, pela tensão da muro
procuro com paciência um nome e outro nome.

Torturado pelo álcool
da noite mais nocturna,
caminha para a fogo na alto da montanha.

Desfigurou-se o rosto. O meu cavalo perdeu-se.
Onde está o jardim de outono e primavera?
As formigas apossam-se de um corpo destroçado.
Perdeu-se a visão de um dos lados da face.

Há um ofegar de terra na garganta,
há um feixe de ervas que perfuma a casa.
O ar é solidez, o caminho é de pedra.
Procuro a água funda e negra de bandeiras.

Encho a cabeça de terra, quero respirar mais alto,
quero ser o pó de pedra, o poço esverdeado,
o tempo é o de um jardim
em que a criança encontra as formigas vermelhas.

Vou até ao fim do muro buscar um nome escuro:
é o da noite próxima, é o meu próprio nome?

Batalha de formigas — puros exercícios
do prazer de olhar a face viva da terra
e cada grão de terra é uma razão de vida.

Há um incêndio na água, há um olhar que ilumina
a suspensão da pedra e o enlace incompleto
e a árvore da noite cobre a árvore do dia.

Quem verá outros olhos, quem ouvirá a noite?
A solidão mortal do mesmo e não igual.
Porque só um morre em cada um de nós.

Quem recolheu o pássaro, dilaceradas margens?
Qual a escrita do rosto?
Seja viva a mulher e o seu fogo no rosto.
Há um prado cuja erva é para ser feliz.

Há um prato de água pura para o bico do pássaro,
há um caminho perto entre escombros e fetos,
há um silêncio de verão
e os monumentos puros entre as ervas rebeldes.

Quem recolheu o pássaro no jardim da água?
Quem montou o cavalo de pedra escura?
Quem o ergueu ao sol, quem o expôs à lua?

Os anjos que conheço são de erva e de silêncio
nalgum jardim de tarde. Mas quais os mais ardentes?
Feitos de mar e sol, elevam-se nas ondas,
entre as mulheres de coxas tão fortes como touros.

O meu luto é de mesas e de bandeiras sem paz.
É estar sem corpo à espera, inconsolada boca,
o fogo ateia o peito, a cabeça perde a fronte,
o vazio rodopia, é o celeste inferno.

Desço ainda um degrau com o anjo infernal,
um turbilhão de ervas, um redemoinho de sangue.
Quem me vale agora se perdi o meu cavalo?

Que é construir um corpo onde existe apenas
a memória do sol? É quase a terra firme.
Quase o dorso da terra, a água abrindo o olhar.
Mas o cavalo caminha, mas o olhar se abre.

Sou um pouco de mar entre dois montes, sou
a madeira e a seiva da árvore sob escombros,
sou o cavalo partido e pertinaz no cimo
do monte retalhado e de garganta aberta.

Entre giestas e pedras sou um corpo construído
pela paisagem nua, sou quase um alento cúmplice
da simplicidade absoluta
do vasto alento da altitude pura.

Que é construir um corpo na paisagem com
a memória do sol por sob nuvens baixas?
Sou uma força feroz, com um cavalo estacado.

Entrar. Com o vagar do campo. Sem ferir.
As mesas estão dispostas pela mulher ausente.
Onde os convidados? Há flores em toda a casa.
Só uma chama brilha no fogão. A luz é baça.

Num quarto, uma cama e o entrevisto corpo
de uma mulher alta.

Que se passou? A luz era demais.
A mulher não esperava a festa que eu sonhava
e era ela própria que a criava no espelho

com o mar extenso e o ar fresco da praia.
As mãos dela busquei-as, reconheci-as magras
sangrando. Os animais gritaram.

A elegância negra. Um punhal — e um corpo.
Dissolve-se a leitura
            dispersa-se onde
se reduz a sombra toda a palavra opaca.

Quero ver o que não vejo: a igualdade de ombros
extensa a tudo o mais, o calor dos membros,
a fulguração dos papéis espalhados no horizonte.
O nosso olhar atinge o espaço inteiro.

A brancura crucifica-me, o cavalo defende-me.
O cavalo ataca as estruturas frágeis.
Uma cabeça córnea defende o intacto.
A pureza das armas.
A presença das muralhas.

A mulher cede ante a visão mais viva.
Mais forte do que a esperança é ela a pedra de água.
Ataca o núcleo forte; a serpente desenrola-se
para que a tua boca se abra sibilina.

Ouço-te: és a pedra. Vejo-te: és o corpo.
Na funda pausa encanto o teu olhar.
Sílaba a sílaba conheço as nervuras fortes
e a cor que tu emanas vem de uma infância atroz.

Mutilada voz, os braços decepados, sou um tronco
voraz.
Sou o teu olhar que cede
ante a visão mais viva,
sou o silêncio sóbrio
sobre os teus olhos fortes.

O direito de viver pela escrita incorrupta,
a seta disparada acerta ou não o alvo,
o poeta ganha o seu cavalo por dia,
virilmente o arranca do seu escuro magma.

O direito de viver pela vida mais forte
na intensidade pura do cavalo que
reúne em si tensões e rasga a folha escrita,
é o direito ao mar, ao espaço inteiro.

O direito da vida pela palavra viva,
por ela o meu cavalo:
as suas patas ferem o sol e rasgam nuvens.

A teoria do cavalo — o friso das mulheres.
Os animais que auscultam o silêncio da noite,
a mulher enleada numa teia de aranha,
um grito que morreu no silêncio mais frio.

A explosão dos ombros, o punho desse olhar,
a torsão desse corpo na fúria do amor,
a explosão das palavras como o sémen na vulva,
a suavidade sedosa no seio de uma lâmpada.

A noite amorosa até ao fim da noite.
Não existe espectáculo para a visão mais íntima.
Os corpos mais suaves arrancam-se da fúria
e banham-se no óleo feliz do absoluto.

As palavras têm rosto: ou de silêncio ou de sangue.
O cavalo que nos domina é uma sombra apenas.
Sem sílabas de água, avança até ao outono.
Uma árvore estende os ramos. As nuvens subsistem.

O cavalo é uma hipótese, uma paixão constante
Na rede das suas veias corre um sangue de tempo,
uma árvore se desloca com a alegria das folhas.
Árvore e cavalo transformam-se num só ente real.

Eu que acaricio a árvore sinto a forca tenaz
da testa do cavalo, a eternidade férrea,
o ser em explosão e eu tão leve folha

na sombra deste ser animal vegetal
busco a razão perfeita, a humildade estática,
a força vertical de ser quem sou e o ar.

Escrevo pela paixão de te inventar de um nada,
um filamento apenas e logo outro sinal,
um tecido febril e temos um cavalo
inteiro com o som e a exactidão do nome.

Não sei a tua cor, mas tens em ti o campo,
a liberdade e a força que eu experimento em ti.
Para onde vais, cavalo, tão veloz, violento
ou na paz do teu trote, sem sela e livre, livre!

Percorro esta terra como um seio amoroso,
corres já no meu corpo com a vida do fogo,
tua paixão me cega e me ilumina a terra.

És tu que me crias com as palavras justas
que da tua elegância e ritmo se libertam
e me erguem a uma vida pura e vertical.

Ó boca ferida, inconsolável boca
que entre o silêncio e o grito só conhece o gemido.
Daqui não se levanta o cavalo prostrado.
É aqui que se dorme o sono de uma pedra.

Eis o flagelo do silêncio, a negrura do sono.
Como desperta a pedra, como rebenta o ovo,
em que o sol e a lua renascerão vermelhos?

Uma centelha de súbito desperta
o cavalo que me iguala ao teu corpo solar.

Por uma serena viagem em busca de uma pedra
de fogo e desse olhar cuja cor é de outono,
parti com meu cavalo e um olho amigo e triste.
Atrás ficou a cinza, a terra calcinada.

Por uma serena viagem em busca de outro espaço
onde o cavalo beba a luz do horizonte
onde eu próprio me perca no lugar que é o meu,
de ninguém e de todos, na paz do espaço interno.

Por uma serena viagem em que eu leia o que escrevo
à luz de olhos amigos e ardentes de desejo
amando este cavalo que do amor nasceu
ou da fúria de ser num combate infindável.

Uma figura errante, ainda incerta — e sempre?
Alguma folha nova caída de algum ramo?
Cai a sóbria noite em teus cabelos negros.
Pela janela vejo os campos divididos.

O cavalo entre nós é a força da paz
que dos teus ombros desce até ao teus joelhos.
Ganhei também meu rosto na sombra dolorosa.
O meu beijo, na música, é um gesto perfeito.

Suavidade intensa, uma estrela entre nós
num chão de suor negro, uma harmonia forte,
neste abraço ganhamos a força e o horizonte.

Sinto a perfeição de um corpo
e nos seus olhos perpassa um pouco o medo.
Serei eu quem tu vês?
Quem me abraçou outro dia não é já quem me abraça?

Sinto o não e o sim — e a inflexão da noite.
Vivo à superfície de um corpo negro e fundo.
O amplexo é real
e o que escrevo é o frémito.

Porque é tudo tão breve e tão longo, não sei.
Tenho os olhos fechados de abertos de ternura.
Tenho um pouco a paz de uma noite vivida.

Se entrego ao campo a erva
de um sol de cinza,
se apago com meu hálito todo o brilho,
se sou esta apagada lâmpada, esta fúria parada,
se escrevo estas palavras é porque sei que não sei.

Se quero ser, terei de te ouvir no silêncio,
no teu repouso inteiro, na penumbra do quarto.

Se vivo, é só por ti, por ti,
que fazes com que olhe e caminhe em frente,
para esse lugar, o nosso, o de todos, o de alguém.

Quem vem negar as folhas,
quem as expõe à morte? O pólen do céu?
Este corpo rejuvenescido e verde ainda.
Ardente.
Quem desfaz o sentido e quem me dá a sede?

Aqui a perfeição: a água e o seu outono.
A companhia deste olhar ao rés das ervas.
As pedras que existem só para a compreensão.
E o frio mortal detido. A perfeição do corpo.
Este é o teu dia em que ninguém te nega.

Rios e rios, palpitação extrema
de uma linha sem ruptura. De que matéria
escrita? Todas as linhas se articulam
para o cavalo e o salto.

Com os ossos da testa enfrenta os muros da noite,
a corrida ofegante sabe o fim vermelho,
uma única estria ilumina-lhe o dorso.
Longa linha delida e dolorosa, mas una.

Atravessas as brancas
muralhas. Sobre a palpitação.
Há insectos na erva, nas margens
dilaceradas.

A tua marcha atinge o ponto de ruptura.
Todo o céu rebenta na mais viva ferida,
ó noite mais nocturna, fixação explosiva.

Por um pouco de sombra após a luz do muro,
por um pouco de luz quando a sombra se adensa,
duas faces se formam, alguém caminha cego,
alguém quer ver a terra na limpidez do olhar.

Alguém a viu sair, essa mulher descalça
que marcha ao longo do muro impaciente e cega?
Apenas um murmúrio sobre as ondas visíveis,
apenas o perfil do cavalo sem a força.

É preciso dormir sobre escadas marinhas,
é preciso voltar à luz do muro, à sombra,
é preciso que a onda nasça de outra onda.

E cavalo e mulher na nudez mais perfeita
são as figuras vivas do sentir mais completo,
a perfeição do ser na frescura da forma.

> *El muro al sol respira, vibra, ondula*
> ....
> *el hombre bebe sol, es agua, es tierra.*
>
> OCTAVIO PAZ

O cavalo que respira a manhã e bebe o sol
é água e terra como o homem que o lê
nas letras desta página ou deste muro
onde o sol respira, vibra, ondula.

A leitura é de sangue por um cimo límpido,
por um planeta verde e por um céu vermelho,
por um amor transparente, pela liberdade ardente
de um voo sobre a terra, rente aos muros.

Quem compreende a aliança entre cavalo e homem
compreende a mulher e a solidão da montanha.
Eu adormeço aqui entre céu e amizade
com a cabeça reclinada na visão da margem
em que as longas mãos se dão nuas e quentes
na aliança do cavalo, do homem e a mulher.

Com o tremor da mão,
vivendo o ferro de um instante ileso,
a mão no dorso do cavalo destemperado.

Conter aqui o curso desesperado,
a noite.
O rio convulso e negro e essa bandeira escura
que flutua sobre a água.

Retalhar a mão na página,
ferir de alegria o branco,
recuperar a vida na deflagração do orgasmo.

A mão quebrada cede o seu lugar ao pulso.
À água destas linhas, à espécie
mais amarga
de uma amêndoa amorosa.

Quem pega o sol do osso e lhe dá a boca?
Quem dá o seio firme à mão dilacerada?
Quem saceia de orvalho uma sede nocturna?
Quem abriu esta mão ao turbilhão do dia?

Pulsa a terra e o pulso torna-se o movimento
de fibras minerais ferindo a pedra feliz.
Mil filhos do sol, mil campos, mil abraços
restabelecem a torre, sua pureza rubra.

Ó sabor da alegria, ó sabor de argila!
Aqui é o campo da boca mais sedenta:
Liberta o arco da cabeça,
diz bom dia ao vento.

Dar o quarto à mulher. Dar-lhe o sossego intenso
da morada merecida. Ela tece o silêncio
recolhido num cântaro ou num cesto.

Estar a mulher na sala e ouvir o campo dela
entre o canto e o silêncio.
Um aroma, um silêncio.
O esquecimento do espaço e do alento.

Dar a vida ao cavalo rumo à mulher mais forte,
dona do seu sossego e do
seu estar no estar da sua própria casa.

Que dizer de um abraço dilacerado sobre
a erva? A palavra fere, desvia.
À visão do campo contrapõe-se a escrita.
A nobreza da flora aguarda as suas cores.

O pão melhor recolhe este sabor do tempo
para as perfeitas coxas da mulher mais forte.
Que dizer da palavra quando não é bandeira
e só o branco fere o branco sobre o branco?

Oh melhor do que o vinho e do que o pão da terra
é esse mundo aberto por um braço rasgado
ao abandono puro. Afirmá-lo é abrir
a terra mais escura à esperança, a noite desta sombra
ao branco desta escrita.

Com seus campos, seus arbustos, ele caminha,
a folhagem solar dentro do corpo.
É um animal cordial e iluminado,
pela sede, pelo odor, pela firmeza.

Cada pálpebra que se fecha
é folha cheia, cada olhar
a mão no dorso quente:
estilhaços de luz, concentração mortal.

Aqui não há venenos mas um cavalo que nasce
da brancura plena e anseia ser a busca
de um animal mais alto, mais puro e mais perfeito.

Quem vive no silêncio, quem vibra no silêncio,
Quem subiu à torre do silêncio.
Quem viu a equivalência espaço e fogo.
Quem construiu a casa no centro do labirinto.

Eu acendo apenas estas poucas palavras
com alguma sombra e a transparência fulva
do ar; animais na clareira,
a fundação do corpo pelo mais forte alento.

Quem domina o ar e permanece em terra,
quem foge de uma sombra para uma sombra menor,
quem procura procura com uma lâmpada branca.

Aqui seria a mancha mais clara
para um cavalo rosado ou cinza suave.
Aqui seria linear e ténue,
a vocação feliz de uma pequena nódoa.

As patas do cavalo vencem a inércia
de um princípio sem fim.
A fúria que eu invento é uma vontade
de dar à terra o seu cavalo fortíssimo.

E eu com ele soçobro ou me levanto.
Aqui seria... e é destino e força
o peso do animal que amo sobre mim.

Aqui seria e é a força intensa
do alto caule do cavalo aceso
sobre a cinza de outra terra escassa.
Este animal agora é todo branco.

Donde o arranco? A uma treva espessa,
onde amarrado em pó jazia.
Impaciente jogo, o escrevo a salvo
de todos os desastres e ruínas.

Ei-lo alcandorado ao cimo da montanha,
a minha mão condu-lo com a mansidão da terra.
Vou dar-lhe a beber o sol inteiro.

Agora és mesmo tu... (se eu o dissesse?)
Mas quanto mais real te invoco,
sei bem que te construo em vão.
Ó falha inexorável, tu, sim, és bem real.

E o banal clamor é frio, os outros todos,
no alheio de o serem, e a própria vida
de si ignorante, perdida, sem cavalo.

— Mas que força, de súbito, o proclama?
Só minha vontade te constrói. Se fosses tu,
ah, se fosses tu, cavalo, mulher ou sonho,
a terra mais real sob as estrelas frias!

Ausência do poema? Clamor de nada.
Ou a harmonia inesperada. O corte brusco
de um apelo, pura invenção ainda!

Chamo-te meu desejo, minha terra,
meu chão, montanha, meu cavalo,
chamo-te sobre a terra, este papel.
Mas é o ventre vivo que te chama!

Longe da vida, não sei que vida seja,
se no abrupto seio da treva súbito
nasce o apelo cerrado a uma outra vida.

Esta só de linhas, ou de ímpetos no vácuo,
sabe que morrerá de sua morte. Mas
a ignorância surge e nela a esperança!

Olhos de terra ou de água ou mesmo de árvore
podem vencer a inércia e os próprios olhos nascem
para verem outros olhos (diferença-identidade),
a luta que se trava de olho a olho na água.

Raso, deixo-me erguer por esta imagem só.
Antes dos olhos terra (não imagem), antes da árvore
a água
e assim antes do poema a terra do poema.

Porque há um chão de terra no poema
e um cavalo que pasta a solidão real
e só real é o fim ou o princípio da água.

As formas do teu ser são várias,
mas negam a inércia, arrancam-te
do chão. Tens o poder e a altura precisas
para a vasta geografia dos campos e das casas.

És vertical no peso, na verdade do nome
do princípio ao fim, firme de seres terra
e o cheiro que tens é de um livre universo:
a terra pode esperar, confia em teu galope.

Porque te quero único, por não ser e
para ser, quantas vezes te falho
sem a paciência
da tua impaciência nobre de cavalo.
Mas o teu galope liberta o meu alento
e o meu desejo corre sobre a planície branca,
a teu lado chispando a rubra fúria,
com a garganta ébria
de uma implacável frescura.

Em paredes esverdeadas, à luz do nevoeiro,
atravessas as casas e as cabeças dos homens.
Tuas pastagens são a relva e a raiva
viril da perfeição no pavor negro da força,

com que saltas os muros e rebentas os quartos,
onde já foram casas, famílias ou palácios
e corres pelo papel sem fome e no desejo
de um touro ou unicórnio que furasse o pasmo

de tudo ser um além inapreensível, ferro-velho
da vida, cronologias, notícias, tudo alheio,
perícia para atravessares os vales negativos,
as opacas montanhas, os mais pobres mistérios.

A seta principia pela sede. Ou o desejo
no seu centro negro (húmido, efervescente)
e vai pelo campo em corpo de cavalo
dizer a plenitude do sangue nesta página.

Cavalo de espaço, terra de vigor e paz
para ser a sede, a força
de outra força,
o puro alento da felicidade ignorante.

Ah não saber e ser a sede irradiante
da água de um cavalo e de uma estrela
do mar no desenho do combate
em que o negro se volve claridade brusca.

E eis a lâmina a ferir a lucidez
de uma verdade morta, a pressa de correr
ao mais ardente nome, o do cavalo sempre,
que galopa no branco o seu negro galope.

Animal te chamei, te chamo e chamo
no sabor vertical da água agudamente.
O centro de água e a garupa impante
do cavalo perseguido pela seta.

O cavalo que escrevo — força do espaço,
pureza do ímpeto e do sangue, é a sede,
é a raiva nova do começo, e a erva
de todo o prado humedecido em sua boca.

Bebe-lhe o orvalho nas narinas puras,
cobre a pele do corpo de seus cascos, vive
da dureza incriada, da rapidez sem vento,
da aspereza do lume, da doçura começada.

Cobrir a folha larga do alento
do animal, cavalo ferido e alto,
parir o vigor do princípio dessa frase
em que o caminho disparou da seta.

A sombra de uma onda arrasta ainda outra sombra.
À onda de uma sombra sucede-se outra onda.
Ao meu cavalo perdido hei-de abrir o caminho
de outro cavalo mais forte e a tudo simultâneo.

O verde azul sombrio de uma colina ou nuvem.
(A tempestade arrebatou-te as vestes). Nus
somos agora a verde água de um seio
e o pão branco da casa sobre as dunas.

Despidos ao sol somos animais fulvos, vermelhos,
dos elementos nutrindo-se à sombra do cavalo,
à claridade do ócio e nas traves dos barcos.

O dia. Os seios. A água. A sombra. A luz. A febre.
Rodopia uma roda do pulso até à árvore
num céu todo aberto à sede mais feliz.

Entre o desejo e as flores as raparigas altas
medem a densidade de uma pureza impura,
jogam o jogo intenso da majestade e usura,
raparigas levadas pelas linhas fluentes.

Viver as raparigas no pudor da negrura,
vivê-las altamente e pelas suas virilhas,
tomá-las o mais rápido até ao centro delas,
rodopiando o fogo no ventre de merecê-las.

Ó vivas raparigas da cor do próprio alento,
aprisionai-me a um muro ou entre vós eu caia
no perfume desatado dos vossos corpos límpidos.

> Les naseaux du cheval forment un lac
> L'insecte écrit une longue phrase longue
> SALAH STÉTIÉ

Ataca a longa frase que prolonga o sol
e o bafo do cavalo forma um lago no sol.
Os insectos escrevem as longas frases vivas.
Tudo se cresta no meio-dia voraz.

Vens tu sem vestes arrebatada e sempre
fortalecer o instante mais animal do sol.
Ataca a terra, o sol, o mar, o céu
com a dilatação dos teus pulmões sedentos.

Aqui é o coração, o núcleo do carvão.
Apressa-te a atacar os flancos deste dia.
Chega antes da noite ao templo sibilante.

O meu trabalho é este sobre a página branca
com a lâmpada branca desvendar as cores
do dia e do cavalo, o crescimento sóbrio,
dilatação de vasos, circulação de rios.

Ordenar lá do fundo o vigor que me impele
e me converte na força da página vivida
por um sangue de amar e de rasgar as folhas,
unir na casa única a multiplicidade.

Meu amor — agora sim — posso dizer amor
através de insectos e serpentes e fetos
sobre a baba e o ranho do nascimento puro.

Atravessei os pântanos e afundei-me no lodo.
Caminho tropeçando e aos nervos do cavalo
arranco este galope, este vagar de estar.

                                    esa piedra ya es pan
                                    OCTAVIO PAZ

A força unida, o centro da pedra, raiz
à vista, pedra de pão, fábrica
de vida, razão de progredir, um passo
e outro passo, a pedra já é pão, a terra

já é nossa. Os animais e as árvores
formam um todo claro e uma fractura abre-se,
abrindo o mundo neste momento agudo,
uma agulha assinala o meio-dia de pedra.

Uma cabeça avança, uma sombra, um sinal?
Ataca essa cabeça, ó meu cavalo solto,
derruba este muro, solta o prisioneiro.

A água descoberta dessedenta o barro
desse homem mineral, e uma linha verde
rasga o espaço do branco e acende a nova estrela.

É somente a mão no requinte da febre
em sua verde pausa numa folha,
e agora a escrita encontra o tronco
e detém-se. Quem pode amar um insecto?

O cavalo está suspenso destas linhas, a mão
hesita em avançar,
a saliva da vida procria novos ritos,
o esplendor nasce sob a pata do animal.

O esplendor da luz crua exalta.
E a mulher descalça forte com um cântaro
caminha entre ciprestes, na harmonia final.

Tem o poder das águas, a negra mãe fatal
que eu saúdo no sono das palavras mais duras,
tem as garras da vida, tem as unhas mortais,
a pele que ela me arranca deixa-me ao vivo

morto. Mas a água cura-me as feridas de esfolado
e novamente avanço para o centro da terra
na noite do meu sono de escrever sem saber
solto na ignorância, na liberdade incerta.

Este cavalo da vida monumento e animal
onde está ele agora? Preciso desse alento
quero criar o mundo com o seu esperma
verde. Quero fabricar contra a morte
o alento, a paz, o sono límpido
de outras palavras vitais, e de outra paz.

Este livro foi composto em Garamond, em papel pólen soft,
para a Editora Moinhos, enquanto Vital Farias cantava *Veja (Margarida)*,
em junho de 2018.